卞尺丹几乙し丹卞と

Translated Language Learning

The Little Mermaid

Русалонька

Hans Christian Andersen

English / українська

Copyright © 2023 Tranzlaty
All rights reserved.
Published by Tranzlaty
ISBN: 978-1-83566-286-1
Original text by Hans Christian Andersen
Den Lille Havfrue
First published in Danish in 1837
www.tranzlaty.com

The Little Mermaid
Русалонька

Far out in the ocean, where the water is blue
Далеко в океані, де вода блакитна
here the water is as blue as the prettiest cornflower
Тут вода блакитна, як найгарніша волошка
and the water is as clear as the purest crystal
І вода прозора, як найчистіший кришталь
this water, far out in the ocean is very, very deep
Ця вода, далеко в океані, дуже-дуже глибока
water so deep, indeed, that no cable could reach the bottom
Вода така глибока, що жоден кабель не міг досягти дна
you could pile many church steeples upon each other
Можна було б навалити один на одного багато церковних шпилів
but they would not reach the surface of the water
Але вони не вийшли б на поверхню води
There dwell the Sea King and his subjects
Там живе морський цар і його піддані
you might think it is just bare yellow sand at the bottom
Можна подумати, що це просто голий жовтий пісок на дні
but we must not imagine that there is nothing there
Але ми не повинні думати, що там нічого немає
on this sand grow the strangest flowers and plants
На цьому піску ростуть найдивніші квіти і рослини
and you can't imagine how pliant the leaves and stems are
І ви не уявляєте, наскільки податливі листя і стебла

the slightest agitation of the water causes them to stir
Найменше ворушіння води змушує їх ворушитися
it is as if each leaf had a life of their own
Начебто кожен листочок має своє життя
Fishes, both large and small, glide between the branches
Риби, як великі, так і маленькі, ковзають між гілками
just like when birds fly among the trees here upon land
Так само, як птахи, що літають між деревами тут, на суші,

In the deepest spot of all stands a beautiful castle
У найглибшому місці з усіх стоїть прекрасний замок
this beautiful castle is the castle of the Sea King
цей прекрасний замок є замком Морського Царя
the walls of the castle are built of coral
Стіни замку побудовані з коралів
and the long Gothic windows are of the clearest amber
а довгі готичні вікна з найчистішого бурштину
The roof of the castle is formed of sea shells
Дах замку сформований з морських раковин
and the shells open and close as the water flows over them
і оболонки відкриваються і закриваються, коли вода тече по них
Their appearance is more beautiful than can be described
Їх зовнішній вигляд красивіше, ніж можна описати
within each shell there lies a glittering pearl
У кожній раковині криється блискуча перлина
and each pearl would be fit for the diadem of a queen
І кожна перлина підходила б для діадеми королеви

The Sea King had been a widower for many years
Морський цар багато років був вдівцем
and his aged mother kept house for him
А його старенька мати доглядала за ним
She was a very sensible woman
Вона була дуже розсудливою жінкою
but she was exceedingly proud of her high birth
Але вона надзвичайно пишалася своїм високим походженням
and on that account she wore twelve oysters on her tail
І за це вона носила дванадцять устриць на хвості
others of high rank were only allowed to wear six oysters
Іншим високопоставленим особам було дозволено носити лише шість устриць
She was, however, deserving of very great praise
Однак вона заслуговувала на дуже велику похвалу
there was something she especially deserved praise for
Було те, за що вона особливо заслуговувала на похвалу
she took great care of the the little sea princesses
Вона дуже піклувалася про маленьких морських принцес
she had six granddaughters that she loved
У неї було шість онучок, яких вона любила
all the sea princesses were beautiful children
Всі морські принцеси були прекрасними дітьми
but the youngest sea princess was the prettiest of them
Але наймолодша морська принцеса була найкрасивішою з них
Her skin was as clear and delicate as a rose leaf
Її шкіра була чиста і ніжна, як лист троянди
and her eyes were as blue as the deepest sea

А очі її були сині, як найглибше море
but, like all the others, she had no feet
Але, як і у всіх інших, у неї не було ніг
and at the end of her body was a fish's tail
А на кінці її тіла був риб'ячий хвіст

All day long they played in the great halls of the castle
Цілими днями вони грали у великих залах замку
out of the walls of the castle grew beautiful flowers
Зі стін замку виросли прекрасні квіти
and she loved to play among the living flowers, too
А ще вона любила гратися серед живих квітів
The large amber windows were open, and the fish swam in
Великі бурштинові вікна були відчинені, і риба запливала всередину
it is just like when we leave the windows open
Це так само, як коли ми залишаємо вікна відчиненими
and then the pretty swallows fly into our houses
А потім гарненькі ластівки залітають в наші будинки
only the fishes swam up to the princesses
Тільки риби підпливли до принцес
they were the only ones that ate out of their hands
Вони були єдиними, хто їв з їхніх рук
and they allowed themselves to be stroked by them
І вони дозволили себе погладити

Outside the castle there was a beautiful garden
За межами замку був прекрасний сад
in the garden grew bright-red and dark-blue flowers
В саду росли яскраво-червоні і темно-сині квіти
and there grew blossoms like flames of fire

І виросли квіти, мов полум'я вогню
the fruit on the plants glittered like gold
Плоди на рослинах блищали, як золото
and the leaves and stems continually waved to and fro
А листя і стебла безперестанку колихалися туди-сюди
The earth on the ground was the finest sand
Земля на землі була найдрібнішим піском
but it does not have the colour of the sand we know
Але він не має того кольору піску, який ми знаємо
it is as blue as the flame of burning sulphur
Він такий же синій, як полум'я палаючої сірки
Over everything lay a peculiar blue radiance
Над усім лежало своєрідне блакитне сяйво
it is as if the blue sky were everywhere
Наче синє небо всюди
the blue of the sky was above and below
Блакить неба була зверху і знизу
In calm weather the sun could be seen
У безвітряну погоду було видно сонце
from here the sun looked like a reddish-purple flower
Звідси сонце було схоже на червонувато-фіолетову квітку
and the light streamed from the calyx of the flower
І світло струменіло з чашечки квітки

the palace garden was divided into several parts
Палацовий сад був розділений на кілька частин
Each of the princesses had their own little plot of ground
У кожної з принцес була своя маленька ділянка землі
on this plot they could plant whatever flowers they pleased

На цій ділянці вони могли посадити будь-які квіти, які їм заманеться
one princess arranged her flower bed in the form of a whale
Одна принцеса облаштувала свою клумбу у вигляді кита
one princess arranged her flowers like a little mermaid
Одна принцеса розклала свої квіти, як русалочка
and the youngest child made her garden round, like the sun
А найменша дитина зробила свій садок круглим, як сонце
and in her garden grew beautiful red flowers
А в її саду росли прекрасні червоні квіти
these flowers were as red as the rays of the sunset
Ці квіти були червоні, як промені заходу сонця

She was a strange child; quiet and thoughtful
Вона була дивною дитиною; тихий і задумливий
her sisters showed delight at the wonderful things
Її сестри захоплювалися чудовими речами
the things they obtained from the wrecks of vessels
Речі, які вони здобули з уламків суден
but she cared only for her pretty red flowers
Але вона дбала лише про свої гарні червоні квіти
although there was also a beautiful marble statue
Хоча була і красива мармурова статуя
It was the representation of a handsome boy
Це був образ красивого хлопчика
it had been carved out of pure white stone
Він був висічений з чистого білого каменю
and it had fallen to the bottom of the sea from a wreck
І впав він на дно моря від затонулого корабля

this marble statue of a boy she cared about too
Ця мармурова статуя хлопчика, про якого вона теж дбала

She planted, by the statue, a rose-colored weeping willow
Вона посадила біля статуї плакучу вербу рожевого кольору

and soon the willow hung its fresh branches over the statue
І незабаром верба повисла над статуєю своїми свіжими гілками

the branches almost reached down to the blue sands
Гілля майже сягало до синіх пісків

The shadows of the tree had the color of violet
Тіні дерева мали фіолетовий колір

and the shadows waved to and fro like the branches
І тіні колихалися туди-сюди, як гілля

all of this created the most interesting illusion
Все це створювало найцікавішу ілюзію

as if the crown of the tree and the roots were playing
неначе крона дерева і коріння грають

it looked as if they were trying to kiss each other
Виглядало так, ніби вони намагалися поцілувати один одного

her greatest pleasure was hearing about the world above
Найбільшою насолодою для неї було слухати про світ нагорі

the world above the deep sea she lived in
Світ над морськими глибинами, в якому вона жила

She made her old grandmother tell her all about it

Вона змусила стареньку бабусю розповісти їй про все це
the ships and the towns, the people and the animals
Кораблі і міста, люди і тварини
up there the flowers of the land had fragrance
Там квіти землі пахли
the flowers below the sea had no fragrance
Квіти під морем не мали пахощів
up there the trees of the forest were green
Там дерева в лісі зеленіли
and the fishes in the trees could sing beautifully
І риби на деревах могли гарно співати
up there it was a pleasure to listen to the fish
Там було приємно слухати рибу
her grandmother called the birds fishes
Бабуся називала птахів рибками
else the little mermaid would not have understood
інакше русалонька не зрозуміла б
because the little mermaid had never seen birds
Бо русалочка ніколи не бачила пташок

her grandmother told her about the rites of mermaids
Бабуся розповіла їй про обряди русалок
"one day you will reach your fifteenth year"
«Одного дня тобі виповниться п'ятнадцять років»
"then you will have permission to go to the surface"
«Тоді у вас буде дозвіл вийти на поверхню»
"you will be able to sit on the rocks in the moonlight"
«Ви зможете сидіти на скелях у місячному сяйві»
"and you will see the great ships go sailing by"
«І ти побачиш, як пропливають великі кораблі»
"Then you will see forests and towns and the people"
«Тоді ти побачиш і ліси, і міста, і людей»

the following year one of the sisters would be fifteen
Наступного року одній із сестер виповниться п'ятнадцять років
but each sister was a year younger than the other
Але кожна сестра була на рік молодша за іншу
the youngest would have to wait five years before her turn
Наймолодшій доведеться чекати п'ять років, перш ніж прийде її черга
only then could she rise up from the bottom of the ocean
Тільки тоді вона змогла піднятися з дна океану
and only then could she see the earth as we do
І тільки тоді вона змогла побачити землю так, як ми
However, each of the sisters made each other a promise
Однак кожна з сестер дала одна одній обіцянку
they were going to tell the others what they had seen
Вони збиралися розповісти іншим про те, що бачили
Their grandmother could not tell them enough
Бабуся не могла їм сказати достатньо
there were so many things they wanted to know about
Було так багато речей, про які вони хотіли знати

the youngest sister longed for her turn the most
Наймолодша сестра найбільше прагнула своєї черги
but, she had to wait longer than all the others
Але чекати їй довелося довше, ніж усім іншим
and she was so quiet and thoughtful about the world
І вона була така тиха і задумлива про світ
there were many nights where she stood by the open window
Було багато ночей, коли вона стояла біля відчиненого

вікна
and she looked up through the dark blue water
І вона подивилася вгору крізь темно-синю воду
and she watched the fish as they splashed with their fins
І вона дивилася на рибок, як вони хлюпалися плавниками
She could see the moon and stars shining faintly
Вона бачила, як ледь помітно сяяли місяць і зорі
but from deep below the water these things look different
Але з глибини води ці речі виглядають по-іншому
the moon and stars looked larger than they do to our eyes
Місяць і зірки здавалися більшими, ніж наші очі
sometimes, something like a black cloud went past
Іноді повз пролітало щось схоже на чорну хмару
she knew that it could be a whale swimming over her head
Вона знала, що це може бути кит, який пропливає над її головою
or it could be a ship, full of human beings
Або це може бути корабель, повний людей
human beings who couldn't imagine what was under them
людей, які не могли уявити, що знаходиться під ними
a pretty little mermaid holding out her white hands
Гарненька русалочка простягає свої білі рученята
a pretty little mermaid reaching towards their ship
Гарненька русалочка тягнеться до свого корабля

the day came when the eldest had her fifteenth birthday
Настав день, коли старшій виповнилося п'ятнадцять років
now she was allowed to rise to the surface of the ocean
Тепер їй дозволили піднятися на поверхню океану
and that night she swum up to the surface
І тієї ночі вона виплила на поверхню
you can imagine all the things she saw up there
Ви можете собі уявити все, що вона там бачила
and you can imagine all the things she had to talk about
І ви можете собі уявити все, про що їй доводилося говорити
But the finest thing, she said, was to lie on a sand bank
Але найкраще, за її словами, це лежати на піщаному березі
in the quiet moonlit sea, near the shore
У тихому місячному морі, біля берега
from there she had gazed at the lights on the land
Звідти вона дивилася на вогні на землі
they were the lights of the near-by town
Вони були вогнями ближнього міста
the lights had twinkled like hundreds of stars
Вогні мерехтіли, як сотні зірок
she had listened to the sounds of music from the town
Вона слухала звуки музики з міста
she had heard noise of carriages drawn by their horses
Вона чула шум екіпажів, запряжених кіньми
and she had heard the voices of human beings
І вона чула людські голоси
and the had heard merry pealing of the bells
І почули веселий дзвін дзвонів

the bells ringing in the church steeples
Дзвони, що дзвенять у церковних шпилях
but she could not go near all these wonderful things
Але вона не могла наблизитися до всіх цих чудових речей
so she longed for these wonderful things all the more
Тому вона ще дужче прагнула цих чудових речей

you can imagine how eagerly the youngest sister listened
Можете собі уявити, з яким нетерпінням слухала наймолодша сестра
the descriptions of the upper world were like a dream
Описи вищого світу були схожі на сон
afterwards she stood at the open window of her room
Після цього вона стояла біля відчиненого вікна своєї кімнати
and she looked to the surface, through the dark-blue water
І вона дивилася на поверхню, крізь темно-синю воду
she thought of the great city her sister had told her of
Вона подумала про велике місто, про яке їй розповіла сестра
the great city with all its bustle and noise
Велике місто з усією його метушнею і шумом
she even fancied she could hear the sound of the bells
Їй навіть здалося, що вона чує звук дзвонів
she imagined their sound carried to the depths of the sea
Вона уявляла, як їхній звук розноситься в морські глибини

after another year the second sister had her birthday

Ще через рік у другої сестри був день народження
she too received permission to rise to the surface
Вона теж отримала дозвіл піднятися на поверхню
and from there she could swim about where she pleased
І звідти вона могла плавати, де їй заманеться
She had gone to the surface just as the sun was setting
Вона вийшла на поверхню саме тоді, коли сонце сідало
this, she said, was the most beautiful sight of all
Це, за її словами, найкрасивіше видовище з усіх
The whole sky looked like a disk of pure gold
Все небо було схоже на диск з чистого золота
and there were violet and rose-colored clouds
А там були фіолетові та рожеві хмари
they were too beautiful to describe, she said
За її словами, вони були занадто красивими, щоб їх описувати
and she said how the clouds drifted across the sky
І вона розповіла, як хмари пливли по небу
and something had flown by more swiftly than the clouds
І щось пролетіло швидше, ніж хмари
a large flock of wild swans flew toward the setting sun
Велика зграя диких лебедів летіла назустріч призахідному сонцю
the swans had been like a long white veil across the sea
Лебеді були, як довга біла пелена над морем
She had also tried to swim towards the sun
Вона також намагалася плисти до сонця
but some distance away the sun sank into the waves
Але десь здалеку сонце занурилося в хвилі

she saw how the rosy tints faded from the clouds
Вона бачила, як рожеві відтінки зникали з хмар
and she saw how the colour had also faded from the sea
І вона побачила, як з моря зникла барва

the next year it was the third sister's turn
Наступного року настала черга третьої сестри
this sister was the boldest of all the sisters
Ця сестра була найсміливішою з усіх сестер
she swam up a broad river that emptied into the sea
Вона попливла по широкій річці, яка впадала в море
On the banks of the river she saw green hills
На березі річки вона побачила зелені пагорби
the green hills were covered with beautiful vines
Зелені пагорби були вкриті прекрасними виноградними лозами
and on the hills there were forests of trees
А на пагорбах росли ліси дерев
and out of the forests palaces and castles poked out
А з лісів стирчали палаци й замки
She had heard birds singing in the trees
Вона чула, як на деревах співають птахи
and she had felt the rays of the sun on her skin
І вона відчула сонячне проміння на своїй шкірі
the rays were so strong that she had to dive back
Промені були настільки сильними, що їй довелося пірнути назад
and she cooled her burning face in the cool water
І вона охолодила своє палаюче обличчя в прохолодній воді
In a narrow creek she found a group of little children
У вузькому струмку вона знайшла групу маленьких

дітей
they were the first human children she had ever seen
Вони були першими людськими дітьми, яких вона коли-небудь бачила
She wanted to play with the children too
Вона теж хотіла погратися з дітьми
but the children fled from her in a great fright
Але діти з великого переляку втекли від неї
and then a little black animal came to the water
І тут до води підійшло маленьке чорне звірятко
it was a dog, but she did not know it was a dog
Це був собака, але вона не знала, що це собака
because she had never seen a dog before
Тому що вона ніколи раніше не бачила собаки
and the dog barked at the mermaid furiously
І собака люто гавкнув на русалку
she became frightened and rushed back to the open sea
Вона злякалася і кинулася назад у відкрите море
But she said she should never forget the beautiful forest
Але вона сказала, що ніколи не повинна забувати прекрасний ліс
the green hills and the pretty children
Зелені пагорби і гарненькі діти
she found it exceptionally funny how they swam
Їй було надзвичайно смішно, як вони плавали
because the little human children didn't have tails
Тому що у маленьких людських дітей не було хвостів
so with their little legs they kicked the water
Тож своїми маленькими ніжками вони штовхали воду

The fourth sister was more timid than the last
Четверта сестра була боязкіша за попередню
She had decided to stay in the midst of the sea
Вона вирішила залишитися посеред моря
but she said it was as beautiful there as nearer the land
Але вона сказала, що там так само гарно, як ближче до землі
from the surface she could see many miles around her
З поверхні вона бачила багато миль навколо себе
the sky above her looked like a bell of glass
Небо над нею було схоже на скляний дзвін
and she had seen the ships sail by
І вона бачила, як кораблі пропливали повз
but they were at a very great distance from her
Але вони були на дуже великій відстані від неї
and, with their sails, they looked like sea gulls
І своїми вітрилами вони були схожі на чайок
she saw how the dolphins played in the waves
Вона бачила, як дельфіни граються на хвилях
and great whales spouted water from their nostrils
А великі кити вихлюпували воду зі своїх ніздрів
like a hundred fountains all playing together
Наче сто фонтанів, що грають разом

The fifth sister's birthday occurred in the winter
День народження п'ятої сестри припав на зиму
so she saw things that the others had not seen
І вона побачила те, чого не бачили інші
at this time of the year the sea looked green
У цю пору року море виглядало зеленим
large icebergs were floating on the green water
На зеленій воді плавали великі айсберги
and each iceberg looked like a pearl, she said

І кожен айсберг був схожий на перлину, сказала вона
but they were larger and loftier than the churches
Але вони були більші й вищі за церкви
and they were of the most interesting shapes
І вони були найцікавіших форм
and each iceberg glittered like diamonds
І кожен айсберг блищав, як діаманти
She had seated herself on one of the icebergs
Вона сіла на один з айсбергів
and she let the wind play with her long hair
І вона дозволила вітру гратися з її довгим волоссям
She noticed something interesting about the ships
Вона помітила дещо цікаве на кораблях
all the ships sailed past the icebergs very rapidly
Всі кораблі дуже швидко пропливали повз айсберги
and they steered away as far as they could
І вони відійшли так далеко, як тільки могли
it was as if they were afraid of the iceberg
Вони наче боялися айсберга
she stayed out at sea into the evening
Вона просиділа в морі до вечора
the sun went down and dark clouds covered the sky
Сонце зайшло, і темні хмари вкрили небо
the thunder rolled across the ocean of icebergs
Грім прокотився по океану айсбергів
and the flashes of lightning glowed red on the icebergs
І спалахи блискавок світилися червоним кольором на айсбергах
and they were tossed about by the heaving sea
І їх кидало бурхливим морем
all the ships the sails were trembling with fear
На всіх кораблях вітрила тремтіли від страху
and the mermaid sat calmly on the floating iceberg

А русалка спокійно сиділа на плавучому айсбергу
she watched the lightning strike into the sea
Вона дивилася, як блискавка вдаряє в море

All of her five older sisters had grown up now
Усі її п'ятеро старших сестер уже виросли
therefore they could go to the surface when they pleased
Тому вони могли виходити на поверхню, коли їм заманеться
at first they were delighted with the surface world
Спочатку вони були в захваті від поверхневого світу
they couldn't get enough of the new and beautiful sights
Вони не могли натішитися новими і красивими пам'ятками
but eventually they all grew indifferent towards it
Але врешті-решт усі вони стали байдужими до цього
and after a month they didn't visit much at all anymore
А через місяць вони вже майже не відвідували
they told their sister it was much more beautiful at home
Вони сказали сестрі, що вдома набагато красивіше

Yet often, in the evening hours, they did go up
Але часто, у вечірні години, вони підіймалися вгору
the five sisters twined their arms about each other
П'ятеро сестер обійняли одна одну
and together, arm in arm, they rose to the surface
І разом, взявшись за руки, вони піднялися на поверхню
often they went up when there was a storm approaching

Часто вони піднімалися вгору, коли насувалася буря
they feared that the storm might win a ship
Вони боялися, що шторм може виграти корабель
so they swam to the vessel and sung to the sailors
І попливли вони до судна і заспівали морякам
Their voices were more charming than that of any human
Їхні голоси були чарівнішими, ніж у будь-якої людини
and they begged the voyagers not to fear if they sank
І вони благали мандрівників не боятися, якщо вони потонуть
because the depths of the sea was full of delights
Бо морські глибини були сповнені насолод
But the sailors could not understand their songs
Але матроси не могли зрозуміти їхніх пісень
and they thought their singing was the sighing of the storm
І вони думали, що їхній спів — це зітхання бурі
therefore their songs were never beautiful to the sailors
Тому їхні пісні ніколи не були прекрасними для моряків
because if the ship sank the men would drown
Тому що, якщо корабель потоне, люди потонуть
the dead gained nothing from the palace of the Sea King
мертві нічого не здобули з палацу Морського Царя
but their youngest sister was left at the bottom of the sea
Але їхня молодша сестра залишилася на дні моря
looking up at them, she was ready to cry
Дивлячись на них, вона готова була заплакати

you should know mermaids have no tears that they can cry
Ви повинні знати, що у русалок немає сліз, щоб вони могли плакати
so her pain and suffering was more acute than ours
Тому її біль і страждання були гострішими, ніж наші
"Oh, I wish I was also fifteen years old!" said she
«О, якби мені теж було п'ятнадцять років!» — сказала вона
"I know that I shall love the world up there"
«Я знаю, що буду любити тамтешній світ»
"and I shall love all the people who live in that world"
"І Я буду любити всіх людей, що живуть на тому світі"

but, at last, she too reached her fifteenth year
Але, нарешті, їй теж виповнилося п'ятнадцять років
"Well, now you are grown up," said her grandmother
— Ну, тепер ти вже доросла, — сказала бабуся
"Come, and let me adorn you like your sisters"
«Прийди, і дозволь мені прикрасити тебе, як твоїх сестер»
And she placed a wreath of white lilies in her hair
А у волосся поклала вінок з білих лілій
every petal of the lilies was half a pearl
Кожна пелюстка лілій була половиною перлини
Then, the old lady ordered eight great oysters to come
Тоді старенька наказала прийти вісьмома чудовими устрицями
the oysters attached themselves to the tail of the princess
Устриці прикріпилися до хвоста принцеси
under the sea oysters are used to show your rank

Під морем устриці використовуються для того, щоб показати свій ранг
"But they hurt me so," said the little mermaid
— Але ж вони мені так боляче, — сказала русалочка
"Yes, I know oysters hurt," replied the old lady
— Так, я знаю, що устриці болять, — відповіла старенька
"but you know very well that pride must suffer pain"
«Але ви добре знаєте, що гордість повинна терпіти біль»
how gladly she would have shaken off all this grandeur
З якою радістю вона струсила б з себе всю цю велич
she would have loved to lay aside the heavy wreath!
Вона б із задоволенням відклала важкий вінок!
she thought of the red flowers in her own garden
Вона подумала про червоні квіти у власному саду
the red flowers would have suited her much better
Червоні квіти підійшли б їй набагато краще
But she could not change herself into something else
Але вона не змогла перетворитися на щось інше
so she said farewell to her grandmother and sisters
Так вона попрощалася з бабусею і сестрами
and, as lightly as a bubble, she rose to the surface
І легенько, як мильна бульбашка, вона піднялася на поверхню

The sun had just set when she raised her head above the waves
Сонце тільки-но зайшло, як вона підняла голову над хвилями
The clouds were tinted with crimson and gold from the sunset

Від заходу сонця хмари забарвилися багряним і золотим

and through the glimmering twilight beamed the evening star

І крізь мерехтливі сутінки засяяла вечірня зоря

The sea was calm, and the sea air was mild and fresh

Море було спокійним, а морське повітря м'яким і свіжим

A large ship with three masts lay becalmed on the water

Великий корабель з трьома щоглами лежав спокійно на воді

only one sail was set, for not a breeze stirred

Тільки вітрило було поставлене, бо вітерець не ворушився

and the sailors sat idle on deck, or amidst the rigging

А матроси сиділи без діла на палубі або серед такелажу

There was music and song on board of the ship

На борту корабля лунала музика і пісні

as darkness came a hundred colored lanterns were lighted

З настанням темряви засвітилася сотня різнокольорових ліхтарів

it was as if the flags of all nations waved in the air

Наче в повітрі майоріли прапори всіх народів

The little mermaid swam close to the cabin windows

Русалочка підпливла близько до вікон каюти

now and then the waves of the sea lifted her up

Раз у раз морські хвилі підіймали її вгору

she could look in through the glass window-panes

Вона могла зазирнути крізь шибки

and she could see a number of curiously dressed people

І вона побачила багато дивно одягнених людей

Among the people she could see there was a young prince

Серед людей, яких вона бачила, був молодий принц

the prince was the most beautiful of them all

Принц був найкрасивішим з усіх

she had never seen anyone with such beautiful eyes

Вона ніколи не бачила нікого з такими прекрасними очима

it was the celebration of his sixteenth birthday

Це було святкування його шістнадцятиріччя

The sailors were dancing on the deck of the ship

Матроси танцювали на палубі корабля

all cheered when the prince came out of the cabin

Всі раділи, коли принц вийшов з каюти

and more than a hundred rockets rose into the air

І більше сотні ракет піднялися в повітря

for some time the fireworks made the sky as bright as day

Деякий час феєрверки робили небо яскравим, як день

of course our young mermaid had never seen fireworks before

Звичайно, наша юна русалка ніколи раніше не бачила феєрверків

startled by all the noise, she dived back under water

Налякана шумом, вона пірнула назад під воду

but soon she again stretched out her head

Але незабаром вона знову витягнула голову

it was as if all the stars of heaven were falling around her

Вона ніби бачила, як усі зірки неба падають навколо неї

Здавалося, що всі зірки на небі падають навколо неї
splendid fireflies flew up into the blue air
У блакитне повітря злетіли чудові світлячки
and everything was reflected in the clear, calm sea
І все відбивалося в чистому, спокійному морі
The ship itself was brightly illuminated by all the light
Сам корабель був яскраво освітлений усім світлом
she could see all the people and even the smallest rope
Вона бачила всіх людей і навіть найменшу мотузку
How handsome the young prince looked thanking his guests!
Яким гарним виглядав молодий принц, дякуючи своїм гостям!
and the music resounded through the clear night air!
І музика лунала в чистому нічному повітрі!

the birthday celebrations lasted late into the night
Святкування дня народження тривало до пізньої ночі
but the little mermaid could not take her eyes from the ship
Але русалонька не могла відірвати очей від корабля
nor could she take her eyes from the beautiful prince
І вона не могла відірвати очей від прекрасного принца
The colored lanterns had now been extinguished
Кольорові ліхтарі вже погасили
and there were no more rockets that rose into the air
І ракет, які здіймалися в повітря
the cannon of the ship had also ceased firing
Гармата корабля також перестала стріляти
but now it was the sea that became restless
Але тепер море стало неспокійним
a moaning, grumbling sound could be heard beneath

the waves
Під хвилями було чути стогін, бурчання
and yet, the little mermaid remained by the cabin window
І все ж Русалонька залишилася біля вікна каюти
she was rocking up and down on the water
Вона гойдалася на воді вгору і вниз
so that she could keep looking into the ship
щоб вона могла весь час заглядати в корабель
After a while the sails were quickly set
Через деякий час вітрила були швидко поставлені
and the ship went on her way back to port
І корабель повернувся до порту

But soon the waves rose higher and higher
Але незабаром хвилі піднімалися все вище і вище
dark, heavy clouds darkened the night sky
Темні, важкі хмари затьмарювали нічне небо
and there appeared flashes of lightning in the distance
А вдалині з'явилися спалахи блискавок
not far away a dreadful storm was approaching
Неподалік насувалася страшна буря
Once more the sails were lowered against the wind
Знову вітрила були спущені проти вітру
and the great ship pursued her course over the raging sea
І великий корабель продовжив свій курс над бурхливим морем
The waves rose as high as the mountains
Хвилі здіймалися так високо, як гори
one would have thought the waves would have had the ship
Можна було б подумати, що на хвилях буде корабель

but the ship dived like a swan between the waves
Але корабель пірнув, як лебідь, між хвилями
then she rose again on their lofty, foaming crests
Потім вона знову піднялася на їхніх високих, пінистих гребенях
To the little mermaid this was pleasant sport
Для русалоньки це було приємним заняттям
but it was not pleasant sport to the sailors
Але це був не найприємніший спорт морякам
the ship made awful groaning and creaking sounds
Корабель видав жахливий стогін і скрип
and the waves broke over the deck again and again
І хвилі розбивалися об палубу знову і знову
the thick planks gave way under the lashing of the sea
Товсті дошки провалилися під плескіт моря
under the pressure the mainmast snapped asunder, like a reed
Під тиском грот-щогла розірвалася, як очерет
and, as the ship lay over on her side, the water rushed in
І коли корабель ліг на бік, вода ринула

The little mermaid realized that the crew were in danger
Русалочка зрозуміла, що екіпажу загрожує небезпека
her own situation wasn't without danger either
Не обійшлося і без небезпеки в її власному становищі
she had to avoid the beams and planks scattered in the water
Їй доводилося уникати балок і дощок, розкиданих у воді
for a moment everything turned into complete darkness

На якусь мить все перетворилося на суцільну темряву
and the little mermaid could not see where she was
А русалонька не бачила, де вона
but then a flash of lightning revealed the whole scene
Але потім спалах блискавки відкрив усю сцену
she could see everyone was still on board of the ship
Вона бачила, що всі ще були на борту корабля
well, everyone was on board of the ship, except the prince
На борту корабля були всі, крім принца
the ship continued on its path to the land
Корабель продовжив свій шлях до суші
and she saw the prince sink into the deep waves
І вона побачила, як принц потонув у глибоких хвилях
for a moment this made her happier than it should have
На якусь мить це зробило її щасливішою, ніж мала б
now that he was in the sea she could be with him
Тепер, коли він був у морі, вона могла бути з ним
Then she remembered the limits of human beings
Потім вона згадала про межі людських істот
the people of the land cannot live in the water
Люди краю не можуть жити у воді
if he got to the palace he would already be dead
Якби він потрапив до палацу, то вже був би мертвий
"No, he must not die!" she decided
«Ні, він не повинен померти!» — вирішила вона
she forget any concern for her own safety
Вона забуває про будь-яку турботу про власну безпеку
and she swam through the beams and planks
І вона пропливла крізь балки та дошки

two beams could easily crush her to pieces
Два промені могли легко розчавити її на шматки
she dove deep under the dark waters
Вона пірнула глибоко під темні води
everything rose and fell with the waves
Все піднімалося і падало хвилями
finally, she managed to reach the young prince
Нарешті їй вдалося дістатися до молодого принца
he was fast losing the power to swim in the stormy sea
Він швидко втрачав силу плавати в бурхливому морі
His limbs were starting to fail him
У нього почали відмовляти кінцівки
and his beautiful eyes were closed
І його прекрасні очі були заплющені
he would have died had the little mermaid not come
Він би загинув, якби не прийшла русалонька
She held his head above the water
Вона тримала його голову над водою
and let the waves carry them where they wanted
І нехай хвилі несуть їх, куди вони хотіли

In the morning the storm had ceased
Вранці буря вщухла
but of the ship not a single fragment could be seen
Але від корабля не було видно жодного уламка
The sun came up, red and shining, out of the water
Сонце вийшло, червоне і сяюче, з води
the sun's beams had a healing effect on the prince
Сонячні промені цілюще впливали на князя
the hue of health returned to the prince's cheeks
На щоках принца повернувся відтінок здоров'я
but despite the sun, his eyes remained closed
Але, незважаючи на сонце, його очі залишалися

заплющеними
The mermaid kissed his high, smooth forehead
Русалка поцілувала його високе гладеньке чоло
and she stroked back his wet hair
І вона погладила його мокре волосся
He seemed to her like the marble statue in her garden
Він здавався їй мармуровою статуєю в її саду
so she kissed him again, and wished that he lived
І вона знову поцілувала його, і побажала, щоб він жив

Presently, they came in sight of land
Тепер вони потрапили в поле зору землі
and she saw lofty blue mountains on the horizon
І вона побачила на обрії високі сині гори
on top of the mountains the white snow rested
На вершині гір спочивав білий сніг
as if a flock of swans were lying upon them
неначе на них лежала зграя лебедів
Beautiful green forests were near the shore
Біля берега були красиві зелені ліси
and close by there stood a large building
А неподалік стояла велика будівля
it could have been a church or a convent
Це могла бути церква або монастир
but she was still too far away to be sure
Але вона була ще надто далеко, щоб бути впевненою
Orange and citron trees grew in the garden
В саду росли апельсинові і цитронні дерева
and before the door stood lofty palms
А перед дверима стояли високі долоні
The sea here formed a little bay
Море тут утворило невелику бухту

in the bay the water lay quiet and still
У затоці вода лежала тиха і тиха
but although the water was still, it was very deep
Але хоч вода була ще й нерухома, але дуже глибока
She swam with the handsome prince to the beach
Вона попливла з прекрасним принцом на пляж
the beach was covered with fine white sand
Пляж був покритий дрібним білим піском
and there she laid him in the warm sunshine
І поклала його там під тепле сонечко
she took care to raise his head higher than his body
Вона подбала про те, щоб підняти його голову вище за тіло
Then bells sounded in the large white building
Потім у великій білій будівлі задзвонили дзвони
some young girls came into the garden
Кілька молодих дівчат зайшли в сад
The little mermaid swam out farther from the shore
Русалочка попливла далі від берега
she hid herself among some high rocks in the water
Вона сховалася серед високих каменів у воді
she Covered her head and neck with the foam of the sea
Вона вкрила голову і шию морською піною
and she watched to see what would become of the poor prince
І вона дивилася, щоб побачити, що станеться з бідним принцом

It was not long before she saw a young girl approach
Невдовзі вона побачила, що до неї наближається молода дівчина
the young girl seemed frightened, at first

Молода дівчина спочатку здавалася наляканою
but her fear only lasted for a moment
Але її страх тривав лише мить
then she brought over a number of people
Потім вона привела кілька людей
and the mermaid saw that the prince came to life again
І побачила русалка, що князь знову ожив
he smiled upon those who stood around him
Він усміхався тим, хто стояв навколо нього
But to the little mermaid the prince sent no smile
Але русалоньці принц не послав усмішки
he knew not that she had saved him
Він не знав, що вона врятувала його
This made the little mermaid very sorrowful
Це дуже засмутило русалоньку
and then he was led away into the great building
А потім його повели у велику будівлю
and the little mermaid dived down into the water
І русалонька пірнула у воду
and she returned to her father's castle
І вона повернулася до замку свого батька

She had always been the most silent and thoughtful
Вона завжди була найбільш мовчазною і задумливою
and now she was more silent and thoughtful than ever
І тепер вона була мовчазніша і задумливіша, ніж будь-коли
Her sisters asked her what she had seen on her first visit
Сестри запитали її, що вона побачила під час першого візиту
but she could tell them nothing of what she had seen
Але вона нічого не могла розповісти їм про те, що

бачила
Many an evening and morning she returned to the surface
Багато вечорів і ранків вона поверталася на поверхню
and she went to the place where she had left the prince
І пішла вона на те місце, де покинула князя
She saw the fruits in the garden ripen
Вона побачила, як дозрівають плоди на городі
and she watched the fruits gathered from their trees
І вона дивилася на плоди, зібрані з їхніх дерев
she watched the snow on the mountain tops melt away
Вона дивилася, як тане сніг на вершинах гір
but on none of her visits did she see the prince again
Але в жодному зі своїх візитів вона більше не бачила принца
and therefore she always returned more sorrowful than before
І тому вона завжди поверталася з більшим сумом, ніж раніше

her only comfort was sitting in her own little garden
Єдиною втіхою для неї було сидіння у власному маленькому саду
she flung her arms around the beautiful marble statue
Вона обняла прекрасну мармурову статую
the statue which looked just like the prince
Статуя, схожа на принца
She had given up tending to her flowers
Вона перестала доглядати за своїми квітами
and her garden grew in wild confusion
І сад її ріс у дикому сум'ятті
they twinied their long leaves and stems round the trees

Вони обвивали своє довге листя і стебла навколо дерев
so that the whole garden became dark and gloomy
Щоб весь сад став темним і похмурим

eventually she could bear it no longer
Врешті-решт вона вже не могла цього терпіти
and she told one of her sisters all about it
І вона розповіла про все це одній зі своїх сестер
soon the other sisters heard the secret
Невдовзі інші сестри почули таємницю
and very soon her secret became known to several maids
І дуже скоро її таємниця стала відома кільком служницям
one of the maids had a friend who knew about the prince
У однієї з служниць була подруга, яка знала про принца
She had also seen the festival on board the ship
Вона також бачила фестиваль на борту корабля
and she told them where the prince came from
І вона розповіла їм, звідки прийшов князь
and she told them where his palace stood
І вона розповіла їм, де стоїть його палац

"Come, little sister," said the other princesses
— Ходімо, сестричко, — сказали інші принцеси
they entwined their arms and rose up together
Вони переплели руки і разом піднялися
they went near to where the prince's palace stood
Вони підійшли до того місця, де стояв княжий палац
the palace was built of bright-yellow, shining stone

Палац був побудований з яскраво-жовтого, сяючого каменю
and the palace had long flights of marble steps
А палац мав довгі мармурові сходи
one of the flights of steps reached down to the sea
Один з прольотів сходинок сягав до моря
Splendid gilded cupolas rose over the roof
Над дахом здіймалися чудові позолочені куполи
the whole building was surrounded by pillars
Вся будівля була оточена стовпами
and between the pillars stood lifelike statues of marble
А між стовпами стояли реалістичні статуї з мармуру
they could see through the clear crystal of the windows
Вони бачили крізь прозорий кришталь вікон
and they could look into the noble rooms
І вони могли зазирнути в шляхетні кімнати
costly silk curtains and tapestries hung from the ceiling
Зі стелі звисали дорогі шовкові штори і гобелени
and the walls were covered with beautiful paintings
А стіни були вкриті прекрасними розписами
In the centre of the largest salon was a fountain
У центрі найбільшого салону знаходився фонтан
the fountain threw its sparkling jets high up
Фонтан підкидав свої іскристі струмені високо вгору
the water splashed onto the glass cupola of the ceiling
Вода бризнула на скляний купол стелі
and the sun shone in through the water
І сонце світило крізь воду
and the water splashed on the plants around the fountain
І вода бризкала на рослини навколо фонтану

Now the little mermaid knew where the prince lived
Тепер русалонька знала, де живе принц
so she spent many a night on those waters
І провела вона багато ночей на тих водах
she got more courageous than her sisters had been
Вона стала сміливішою, ніж її сестри
and she swam much nearer the shore than they had
І вона підпливла набагато ближче до берега, ніж вони
once she went up the narrow channel, under the marble balcony
Одного разу вона піднялася вузьким каналом, під мармуровий балкон
the balcony threw a broad shadow on the water
Балкон кидав широку тінь на воду
Here she sat and watched the young prince
Тут вона сиділа і дивилася на молодого принца
he, of course, thought he was alone in the bright moonlight
Він, звичайно, думав, що залишився один у яскравому місячному сяйві

She often saw him evenings, sailing in a beautiful boat
Вона часто бачила його вечорами, коли він плив на красивому човні
music sounded from the boat and the flags waved
З човна лунала музика і майоріли прапори
She peeped out from among the green rushes
Вона визирнула з-поміж зелених очеретів
at times the wind caught her long silvery-white veil
Часом вітер підхоплював її довгу сріблясто-білу вуаль
those who saw it believed it to be a swan
Ті, хто бачив його, вважали, що це лебідь

it had all the appearance of a swan spreading its wings
Він мав вигляд лебедя, що розправив крила

Many a night, too, she watched the fishermen set their nets
Також багато ночей вона спостерігала, як рибалки розставляють сіті

they cast their nets in the light of their torches
Вони закидали сіті у світлі своїх смолоскипів

and she heard them tell many good things about the prince
І вона чула, як вони розповідали багато доброго про князя

this made her glad that she had saved his life
Це зробило її щасливою, що вона врятувала йому життя

when he was tossed around half dead on the waves
коли його кинуло напівмертвим на хвилях

She remembered how his head had rested on her bosom
Вона згадала, як його голова лежала на її грудях

and she remembered how heartily she had kissed him
І вона згадала, як щиро цілувала його

but he knew nothing of all that had happened
Але він нічого не знав про все, що сталося

the young prince could not even dream of the little mermaid
Молодий принц не міг навіть мріяти про русалоньку

She grew to like human beings more and more
Вона все більше і більше любила людей

she wished more and more to be able to wander their world

Вона все більше і більше хотіла мати можливість блукати їхнім світом
their world seemed to be so much larger than her own
Їхній світ здавався набагато більшим, ніж її власний
They could fly over the sea in ships
Вони могли літати над морем на кораблях
and they could mount the high hills far above the clouds
І вони могли піднятися на високі пагорби далеко над хмарами
in their lands they possessed woods and fields
На своїх землях вони володіли лісами і полями
the greenery stretched beyond the reach of her sight
Зелень простягалася за межі її зору
There was so much that she wished to know!
Вона так багато хотіла знати!
but her sisters were unable to answer all her questions
Але сестри не змогли відповісти на всі її запитання
She then went to her old grandmother for answers
Потім вона пішла до своєї старенької бабусі за відповідями
her grandmother knew all about the upper world
Її бабуся знала все про вищий світ
she rightly called this world "the lands above the sea"
Вона справедливо назвала цей світ «землями над морем»

"If human beings are not drowned, can they live forever?"
«Якщо люди не потонуть, чи зможуть вони жити вічно?»
"Do they never die, as we do here in the sea?"
— Невже вони ніколи не вмирають, як ми тут, у

морі?

"Yes, they die too" replied the old lady
— Так, вони теж гинуть, — відповіла старенька

"like us, they must also die," added her grandmother
"Як і ми, вони теж повинні померти", - додала бабуся

"and their lives are even shorter than ours"
«І їхнє життя ще коротше, ніж наше»

"We sometimes live for three hundred years"
«Ми іноді живемо триста років»

"but when we cease to exist here we become foam"
«Але коли ми перестаємо існувати тут, ми стаємо піною»

"and we float on the surface of the water"
«І ми пливемо по поверхні води»

"we do not have graves for those we love"
«У нас немає могил для тих, кого ми любимо»

"and we have not immortal souls"
"І ми не маємо безсмертних душ"

"after we die we shall never live again"
«Після смерті ми вже ніколи не будемо жити»

"like the green seaweed, once it has been cut off"
«Як зелені водорості, коли їх зрізали»

"after we die, we can never flourish more"
«Після того, як ми помремо, ми ніколи не зможемо більше процвітати»

"Human beings, on the contrary, have souls"
«Люди, навпаки, мають душу»

"even after they're dead their souls live forever"
«Навіть після смерті їхні душі живуть вічно»

"when we die our bodies turn to foam"
«Коли ми помираємо, наші тіла перетворюються на піну»

"when they die their bodies turn to dust"

- 38 -

«Коли вони помирають, їхні тіла перетворюються на порох»
"when we die we rise through the clear, blue water"
«Коли ми вмираємо, ми піднімаємося крізь чисту, блакитну воду»
"when they die they rise up through the clear, pure air"
«Коли вони вмирають, вони піднімаються по чистому, чистому повітрю»
"when we die we float no further than the surface"
«Коли ми помираємо, ми пливемо не далі поверхні»
"but when they die they go beyond the glittering stars"
«Але коли вони вмирають, вони виходять за межі блискучих зірок»
"we rise out of the water to the surface"
«Ми піднімаємося з води на поверхню»
"and we behold all the land of the earth"
"І ми побачимо всю землю землі"
"they rise to unknown and glorious regions"
«Вони піднімаються в незвідані і славні краї»
"glorious and unknown regions which we shall never see"
«Славні й незвідані краї, яких ми ніколи не побачимо»
the little mermaid mourned her lack of a soul
Русалонька оплакувала свою нестачу душі
"Why have not we immortal souls?" asked the little mermaid
«Чому ми не маємо безсмертних душ?» — запитала русалонька
"I would gladly give all the hundreds of years that I have"
«Я б із задоволенням віддав усі сотні років, які маю»
"I would trade it all to be a human being for one day"

«Я б проміняв усе це на те, щоб бути людиною на один день»

"to have the hope of knowing such happiness"
«Щоб мати надію пізнати таке щастя»

"the happiness of that glorious world above the stars"
«Щастя того славного світу над зорями»

"You must not think that," said the old woman
— Не треба так думати, — сказала стара

"We believe that we are much happier than the humans"
«Ми віримо, що ми набагато щасливіші за людей»

"and we believe we are much better off than human beings"
«І ми вважаємо, що ми живемо набагато краще, ніж люди»

"So I shall die," said the little mermaid
— І я помру, — сказала русалочка

"being the foam of the sea, I shall be washed about"
«Я буду піною морською, і буду вмиватися»

"never again will I hear the music of the waves"
«Ніколи більше я не почую музики хвиль»

"never again will I see the pretty flowers"
«Я більше ніколи не побачу гарних квітів»

"nor will I ever again see the red sun"
«І я більше ніколи не побачу червоного сонця»

"Is there anything I can do to win an immortal soul?"
«Чи можу я щось зробити, щоб завоювати безсмертну душу?»

"No," said the old woman, "unless..."
— Ні, — сказала стара, — якщо...

"there is just one way to gain a soul"
«Є лише один спосіб здобути душу»

"a man has to love you more than he loves his father and mother"
«Чоловік повинен любити тебе більше, ніж батька і матір»
"all his thoughts and love must be fixed upon you"
«Усі його думки й любов мають бути зосереджені на тобі»
"he has to promise to be true to you here and hereafter"
«Він повинен пообіцяти бути вірним вам тут і в майбутньому»
"the priest has to place his right hand in yours"
«Священик повинен покласти свою праву руку в твою»
"then your man's soul would glide into your body"
«Тоді душа твого чоловіка ковзне у твоє тіло»
"you would get a share in the future happiness of mankind"
«Ти отримаєш частку в майбутньому щасті людства»
"He would give to you a soul and retain his own as well"
«Він дав би тобі душу, а свою залишив»
"but it is impossible for this to ever happen"
«Але це неможливо, щоб це коли-небудь сталося»
"Your fish's tail, among us, is considered beautiful"
«Хвіст твоєї риби, серед нас, вважається красивим»
"but on earth your fish's tail is considered ugly"
«Але на землі хвіст твоєї риби вважається потворним»
"The humans do not know any better"
«Люди не знають нічого кращого»
"their standard of beauty is having two stout props"
«Їхній еталон краси – це наявність двох міцних реквізитів»

"these two stout props they call their legs"
«Ці два кремезні реквізити вони називають ногами»
The little mermaid sighed at what appeared to be her destiny
Русалочка зітхнула над тим, що, здавалося, було її долею
and she looked sorrowfully at her fish's tail
І вона сумно подивилася на свій риб'ячий хвіст
"Let us be happy with what we have," said the old lady
— Будьмо щасливі з того, що маємо, — сказала старенька
"let us dart and spring about for the three hundred years"
«Кидаймося і пружинимо на триста літ»
"and three hundred years really is quite long enough"
«А триста років – це справді досить довго»
"After that we can rest ourselves all the better"
«Після цього ми зможемо відпочити ще краще»
"This evening we are going to have a court ball"
«Сьогодні ввечері у нас буде придворний бал»

It was one of those splendid sights we can never see on earth
Це було одне з тих чудових видовищ, яких ми ніколи не побачимо на землі
the court ball took place in a large ballroom
Придворний бал проходив у великій бальній залі
The walls and the ceiling were of thick transparent crystal
Стіни і стеля були з товстого прозорого кришталю
Many hundreds of colossal shells stood in rows on each side
Багато сотень колосальних снарядів стояли рядами з

обох боків
some were deep red, others were grass green
Деякі з них були темно-червоними, інші – трав'яно-зеленими
and each of the shells had a blue fire in it
І в кожному зі снарядів був синій вогонь
These lighted up the whole salon and the dancers
Вони освітлювали весь салон і танцюристів
and the shells shone out through the walls
І снаряди світилися крізь стіни
so that the sea was also illuminated by their light
щоб і море було освітлене їхнім світлом
Innumerable fishes, great and small, swam past
Повз пропливали незліченні риби, великі й малі
some of their scales glowed with a purple brilliance
Деякі їхні лусочки світилися фіолетовим блиском
and other fishes shone like silver and gold
А інші риби сяяли, як срібло і золото
Through the halls flowed a broad stream
По залах протікав широкий потік
and in the stream danced the mermen and the mermaids
А в потоці танцювали русалки і русалки
they danced to the music of their own sweet singing
Вони танцювали під музику власного солодкого співу

No one on earth has such lovely voices as they
Ні в кого на землі немає таких прекрасних голосів, як у них
but the little mermaid sang more sweetly than all
Але русалонька співала солодше за всіх
The whole court applauded her with hands and tails
Весь двір аплодував їй руками і хвостами

and for a moment her heart felt quite happy
І на якусь мить її серце стало цілком щасливим
because she knew she had the sweetest voice in the sea
Бо знала, що в неї найсолодший голос у морі
and she knew she had the sweetest voice on land
І вона знала, що в неї найсолодший голос на суші
But soon she thought again of the world above her
Але невдовзі вона знову подумала про світ над нею
she could not forget the charming prince
Вона не могла забути чарівного принца
it reminded her that he had an immortal soul
Це нагадало їй, що він має безсмертну душу
and she could not forget that she had no immortal soul
І вона не могла забути, що в неї немає безсмертної душі
She crept away silently out of her father's palace
Вона мовчки виповзла з палацу батька
everything within was full of gladness and song
Все всередині було сповнене радості та пісні
but she sat in her own little garden, sorrowful and alone
Але вона сиділа у своєму маленькому садочку, засмучена і самотня
Then she heard the bugle sounding through the water
Потім вона почула, як у воді задзвенів горн
and she thought, "He is certainly sailing above"
І вона подумала: "Він, безперечно, пливе вгорі"
"he, the beautiful prince, in whom my wishes centre"
«Він, прекрасний принц, в якому зосереджені мої бажання»
"he, in whose hands I should like to place my happiness"
«Той, у чиї руки я хотів би віддати своє щастя»

"I will venture all for him, and to win an immortal soul"
«Я ризикну все заради нього і завоювати безсмертну душу»
"my sisters are dancing in my father's palace"
«Мої сестри танцюють у палаці мого батька»
"but I will go to the sea witch"
«Але я піду до морської відьми»
"the sea witch of whom I have always been so afraid"
«Морська відьма, якої я завжди так боявся»
"but the sea witch can give me counsel, and help"
«Але морська відьма може дати мені пораду і допомогти»

Then the little mermaid went out from her garden
Тоді русалочка вийшла зі свого саду
and she took the road to the foaming whirlpools
І вона пішла дорогою до пінистих вирів
behind the foaming whirlpools the sorceress lived
За пінистими вирами жила чарівниця
the little mermaid had never gone that way before
Русалонька ще ніколи не ходила таким шляхом
Neither flowers nor grass grew where she was going
Там, куди вона йшла, не росли ні квіти, ні трава
there was nothing but bare, gray, sandy ground
Там не було нічого, крім голої, сірої, піщаної землі
this barren land stretched out to the whirlpool
Ця безплідна земля простягалася до виру
the water was like foaming mill wheels
Вода була, як пінисті млинові колеса
and the mills seized everything that came within reach
І млини захоплювали все, що потрапляло під руку
they cast their prey into the fathomless deep

Вони кидають свою здобич у бездонну безодню
Through these crushing whirlpools she had to pass
Крізь ці нищівні вири їй довелося пройти
only then could she reach the dominions of the sea witch
Тільки тоді вона змогла досягти володінь морської відьми
after this came a stretch of warm, bubbling mire
Після цього з'явилася ділянка теплої, вируючої трясовини
the sea witch called the bubbling mire her turf moor
Морська відьма назвала вируюче болото своїм дерновим пустищем

Beyond her turf moor was the witch's house
За її дерновим пустищем стояв будинок відьми
her house stood in the centre of a strange forest
Її будинок стояв посеред чужого лісу
in this forest all the trees and flowers were polypi
У цьому лісі всі дерева і квіти були поліпами
but they were only half plant; the other half was animal
Але вони були лише наполовину рослинними; Інша половина була тваринною
They looked like serpents with a hundred heads
Вони були схожі на змій із сотнею голів
and each serpent was growing out of the ground
І кожен змій виростав із землі
Their branches were long, slimy arms
Їхні гілки були довгими слизькими руками
and they had fingers like flexible worms
І пальці в них були, як у гнучких черв'яків
each of their limbs, from the root to the top, moved

Кожна з їхніх кінцівок, від кореня до верхівки, рухалася
All that could be reached in the sea they seized upon
Все, що можна було досягти в морі, вони захопили
and what they caught they held on tightly to
І за те, що вони ловили, вони міцно трималися
so that it never escaped from their clutches
щоб вона ніколи не вирвалася з їхніх лап

The little mermaid was alarmed at what she saw
Русалочка стривожилася від побаченого
she stood still and her heart beat with fear
Вона стояла нерухомо, і її серце билося від страху
She came very close to turning back
Вона була дуже близька до того, щоб повернути назад
but she thought of the beautiful prince
Але вона подумала про прекрасного принца
and the thought of the human soul for which she longed
і думка про людську душу, за якою вона прагнула
with these thoughts her courage returned
З цими думками до неї повернулася мужність
She fastened her long, flowing hair round her head
Вона застебнула довге розпущене волосся навколо голови
so that the polypi could not grab hold of her hair
так, щоб поліпи не могли вхопитися за її волосся
and she crossed her hands across her bosom
І вона схрестила руки на грудях
and then she darted forward like a fish through the water
А потім кинулася вперед, як риба по воді

between the supple arms and fingers of the ugly polypi
між пружними руками і пальцями потворних поліпів
they were stretched out on each side of her
Вони були розтягнуті по обидва боки від неї
She saw that they all held something in their grasp
Вона побачила, що всі вони щось тримають у своїх руках
something they had seized with their numerous little arms
щось, що вони схопили своїми численними маленькими рученятами
they were were white skeletons of human beings
Це були білі скелети людей
sailors who had perished at sea in storms
моряки, які загинули в морі під час штормів
and they had sunk down into the deep waters
І вони потонули в глибоких водах
and there were skeletons of land animals
І були скелети наземних тварин
and there were oars, rudders, and chests of ships
А там були весла, стерни та скрині кораблів
There was even a little mermaid whom they had caught
Була навіть русалка, яку вони спіймали
the poor mermaid must have been strangled by the hands
Бідолашну русалку, мабуть, задушили руками
to her this seemed the most shocking of all
Для неї це здалося найбільш шокуючим з усіх

finally, she came to a space of marshy ground in the woods
Нарешті вона вийшла на болотисту місцевість у лісі
here there were large fat water snakes rolling in the mire
Тут у багні валялися великі товсті водяні змії
the snakes showed their ugly, drab-colored bodies
Змії показали свої потворні, сірого кольору тіла
In the midst of this spot stood a house
Посеред цього місця стояв будинок
the house was built of the bones of shipwrecked human beings
Будинок був побудований з кісток людей, які зазнали корабельної аварії
and in the house sat the sea witch
А в хаті сиділа морська відьма
she was allowing a toad to eat from her mouth
Вона дозволяла жабі їсти з рота
just like when people feed a canary with pieces of sugar
Так само, як коли люди годують канарку шматочками цукру
She called the ugly water snakes her little chickens
Потворних водяних змій вона назвала своїми маленькими курчатами
and she allowed them to crawl all over her bosom
І вона дозволила їм повзати по всіх її грудях

"I know what you want," said the sea witch
— Я знаю, чого ти хочеш, — сказала морська відьма
"It is very stupid of you to want such a thing"
"Це дуже нерозумно з вашого боку хотіти такого"
"but you shall have your way, however stupid it is"

"Але ти будеш йти своєю дорогою, якою б дурною вона не була"
"though it will bring you to sorrow, my pretty princess"
«Хоч це доведе тебе до смутку, моя прекрасна принцесо»
"You want to get rid of your mermaid's tail"
«Ти хочеш позбутися хвоста русалки»
"and you want to have two supports instead"
«А замість них хочеться мати дві опори»
"this will make you like the human beings on earth"
«Це зробить вас схожими на людей на землі»
"and then the young prince might fall in love with you"
«І тоді молодий принц може закохатися в тебе»
"and then you might have an immortal soul"
"І тоді у вас може бути безсмертна душа"
the witch laughed loud and disgustingly
Відьма голосно і огидно засміялася
the toad and the snakes fell to the ground
Жаба і змії впали на землю
and they lay there wriggling on the floor
І вони лежали, звиваючись на підлозі
"You are but just in time," said the witch
— Ти якраз вчасно, — сказала відьма
"after sunrise tomorrow it would have been too late"
«Після сходу сонця завтра було б пізно»
"I would not be able to help you till the end of another year"
«Я не зможу допомогти тобі до кінця наступного року»
"I will prepare a potion for you"
«Я приготую тобі зілля»

"swim up to the land tomorrow, before sunrise
«Пливи на землю завтра, до сходу сонця
"seat yourself there and drink the potion"
«Сядь там і випий зілля»
"after you drink it your tail will disappear"
«Після того, як ти вип'єш його, твій хвіст зникне»
"and then you will have what men call legs"
«І тоді у вас буде те, що чоловіки називають ногами»

"all will say you are the prettiest girl in the world"
«Всі скажуть, що ти найкрасивіша дівчина у світі»
"but for this you will have to endure great pain"
«Але для цього доведеться перетерпіти великий біль»
"it will be as if a sword were passing through you"
«Це буде так, наче меч пройде крізь тебе»
"You will still have the same gracefulness of movement"
«У вас все одно буде така ж граціозність рухів»
"it will be as if you are floating over the ground"
«Ти будеш наче пливти по землі»
"and no dancer will ever tread as lightly as you"
«І жоден танцюрист ніколи не ступить так легко, як ти»
"but every step you take will cause you great pain"
«Але кожен крок, який ви зробите, завдаватиме вам великого болю»
"it will be as if you were treading upon sharp knives"
«Це буде так, наче ти наступаєш на гострі ножі»
"If you bear all this suffering, I will help you"
«Якщо ти понесеш усі ці страждання, я допоможу тобі»
the little mermaid thought of the prince

Русалонька подумала про принца
and she thought of the happiness of an immortal soul
І вона думала про щастя безсмертної душі
"Yes, I will," said the little princess
— Так, зроблю, — сказала маленька принцеса
but, as you can imagine, her voice trembled with fear
Але, як ви розумієте, її голос тремтів від страху

"do not rush into this," said the witch
— Не поспішай з цим, — сказала відьма
"once you are shaped like a human, you can never return"
«Як тільки ти сформуєшся як людина, ти ніколи не зможеш повернутися»
"and you will never again take the form of a mermaid"
«І ти вже ніколи не приймеш вигляду русалки»
"You will never return through the water to your sisters"
«Ти ніколи не повернешся по воді до своїх сестер»
"nor will you ever go to your father's palace again"
«І ти більше ніколи не підеш до палацу свого батька»
"you will have to win the love of the prince"
«Доведеться завойовувати любов принца»
"he must be willing to forget his father and mother for you"
«Він, мабуть, готовий забути батька й матір заради тебе»
"and he must love you with all of his soul"
«І він повинен любити тебе всією душею»
"the priest must join your hands together"
«Священик мусить з'єднати ваші руки»
"and he must make you man and wife in holy matrimony"

"І Він повинен зробити вас чоловіком і жінкою у святому шлюбі"
"only then will you have an immortal soul"
«Тільки тоді ти матимеш безсмертну душу»
"but you must never allow him to marry another"
«Але ви ніколи не повинні дозволяти йому одружуватися з іншою»
"the morning after he marries another, your heart will break"
«Наступного ранку після того, як він одружиться з іншою, твоє серце розіб'ється»
"and you will become foam on the crest of the waves"
«І ти станеш піною на гребені хвиль»
the little mermaid became as pale as death
Русалонька стала бліда, як смерть
"I will do it," said the little mermaid
— Я це зроблю, — сказала русалонька

"But I must be paid, also," said the witch
— Але й мені треба заплатити, — сказала відьма
"and it is not a trifle that I ask for"
"І це не дрібниця, про яку я прошу"
"You have the sweetest voice of any who dwell here"
«У тебе найсолодший голос з усіх, хто тут живе»
"you believe that you can charm the prince with your voice"
«Ти віриш, що можеш зачарувати принца своїм голосом»
"But your beautiful voice you must give to me"
«Але твій прекрасний голос ти мусиш мені дати»
"The best thing you possess is the price of my potion"
«Найкраще, що ти маєш, — це ціна мого зілля»
"the potion must be mixed with my own blood"

«Зілля треба змішати з моєю власною кров'ю»
"only this makes it as sharp as a two-edged sword"
«Тільки це робить його гострим, як палиця з двома кінцями»

the little mermaid tried to object to the cost
Русалонька спробувала заперечити проти вартості
"But if you take away my voice..." said the little mermaid
— Але якщо ти забереш у мене голос... – сказала русалонька
"if you take away my voice, what is left for me?"
— Якщо ти забереш у мене голос, що мені залишиться?
"Your beautiful form," suggested the sea witch
— Твоя прекрасна форма, — запропонувала морська відьма
"your graceful walk, and your expressive eyes"
«Твоя граціозна хода і твої виразні очі»
"Surely, with these you can enchain a man's heart?"
— Невже ними можна закувати серце чоловіка?
"Well, have you lost your courage?" the sea witch asked
«Ну що, ти набралася сміливості?» — запитала морська відьма
"Put out your little tongue, so that I can cut it off"
«Висунь свого маленького язичка, щоб я міг його відрізати»
"then you shall have the powerful potion"
«Тоді ти матимеш могутнє зілля»
"It shall be," said the little mermaid
— Так і буде, — сказала русалочка

Then the witch placed her caldron on the fire
Тоді відьма поклала свій котел на вогонь
"Cleanliness is a good thing," said the sea witch
— Чистота — це добре, — сказала морська відьма
she scoured the vessels for the right snake
Вона прочісувала судини в пошуках потрібної змії
all the snakes had been tied together in a large knot
Всі змії були зв'язані у великий вузол
Then she pricked herself in the breast
Потім вкололася в груди
and she let the black blood drop into the caldron
І вона пустила чорну кров у котел
The steam that rose twisted itself into horrible shapes
Пара, що піднялася, скрутилася в жахливі форми
no person could look at the shapes without fear
Жодна людина не могла дивитися на фігури без страху
Every moment the witch threw new ingredients into the vessel
Щомиті відьма підкидала в посудину нові інгредієнти
finally, with everything inside, the caldron began to boil
Нарешті, коли все було всередині, котел почав кипіти
there was the sound like the weeping of a crocodile
Почувся звук, схожий на плач крокодила
and at last the magic potion was ready
І нарешті чарівне зілля було готове
despite its ingredients, it looked like the clearest water
Незважаючи на інгредієнти, вона виглядала як найчистіша вода
"There it is, all for you," said the witch
— Ось воно, все для тебе, — сказала відьма

and then she cut off the little mermaid's tongue
А потім відрізала русалоньці язик
so that the little mermaid could never again speak, nor sing
Щоб русалонька вже ніколи не могла ні говорити, ні співати
"the polypi might try and grab you on the way out"
«Поліпи можуть спробувати схопити вас на виході»
"if they try, throw over them a few drops of the potion"
«Якщо вони спробують, киньте на них кілька крапель зілля»
"and their fingers will be torn into a thousand pieces"
«І їхні пальці будуть роздерті на тисячу шматків»
But the little mermaid had no need to do this
Але русалоньці не було потреби цього робити
the polypi sprang back in terror when they saw her
Поліпи з жахом відскочили назад, коли побачили її
they saw she had lost her tongue to the sea witch
Вони побачили, що вона втратила язика через морську відьму
and they saw she was carrying the potion
І побачили вони, що вона несе зілля
the potion shone in her hand like a twinkling star
Зілля блищало в її руці, як мерехтлива зірка

So she passed quickly through the wood and the marsh
Тож вона швидко пройшла через ліс і болото
and she passed between the rushing whirlpools
І вона проходила між вирами, що мчали
soon she made it back to the palace of her father
Незабаром вона повернулася до палацу свого батька
all the torches in the ballroom were extinguished
Всі смолоскипи в бальній залі були погашені

all within the palace must now be asleep
Тепер усі, хто перебуває в палаці, повинні спати
But she did not go inside to see them
Але вона не зайшла всередину, щоб побачити їх
she knew she was going to leave them forever
Вона знала, що покине їх назавжди
and she knew her heart would break if she saw them
І вона знала, що її серце розірветься, якщо вона їх побачить
she went into the garden one last time
Вона востаннє пішла в сад
and she took a flower from each one of her sisters
І взяла вона по квітці від кожної з сестер своїх
and then she rose up through the dark-blue waters
А потім піднялася вгору темно-синіми водами

the little mermaid arrived at the prince's palace
Русалонька прибула до палацу принца
the the sun had not yet risen from the sea
Сонце ще не зійшло з моря
and the moon shone clear and bright in the night
І місяць світив ясно і яскраво в ночі
the little mermaid sat at the beautiful marble steps
Русалонька сиділа біля красивих мармурових сходів
and then the little mermaid drank the magic potion
І тоді русалочка випила чарівне зілля
she felt the cut of a two-edged sword cut through her
Вона відчула, як розріз двосічного меча прорізав її наскрізь
and she fell into a swoon, and lay like one dead
І впала вона в непритомність, і лежала, як мертва
the sun rose from the sea and shone over the land
Сонце зійшло з моря і засяяло над землею

she recovered and felt the pain from the cut
Вона оговталася і відчула біль від порізу
but before her stood the handsome young prince
Але перед нею стояв прекрасний молодий принц

He fixed his coal-black eyes upon the little mermaid
Він спрямував свої чорні, як вугілля, очі на русалоньку
he looked so earnestly that she cast down her eyes
Він дивився так серйозно, що вона опустила очі
and then she became aware that her fish's tail was gone
А потім вона зрозуміла, що хвіст її риби зник
she saw that she had the prettiest pair of white legs
Вона побачила, що в неї найкрасивіша пара білих ніг
and she had tiny feet, as any little maiden would have
І в неї були крихітні ніжки, як у будь-якої маленької дівчинки
But, having come from the sea, she had no clothes
Але, прийшовши з моря, вона не мала одягу
so she wrapped herself in her long, thick hair
Тому вона загорнулася у своє довге густе волосся
The prince asked her who she was and whence she came
Принц запитав її, хто вона і звідки взялася
She looked at him mildly and sorrowfully
Вона подивилася на нього лагідно і сумно
but she had to answer with her deep blue eyes
Але вона мусила відповісти своїми глибокими синіми очима
because the little mermaid could not speak anymore
Тому що русалонька вже не могла говорити
He took her by the hand and led her to the palace
Він узяв її за руку і повів до палацу

Every step she took was as the witch had said it would be
Кожен її крок був таким, як сказала відьма
she felt as if she were treading upon sharp knives
Їй здавалося, що вона наступає на гострі ножі
She bore the pain of the spell willingly, however
Однак вона добровільно знесла біль закляття
and she moved at the prince's side as lightly as a bubble
І вона рухалася біля принца легенько, як мильна бульбашка
all who saw her wondered at her graceful, swaying movements
Всі, хто бачив її, дивувалися її граціозним, погойдуючим рухам
She was very soon arrayed in costly robes of silk and muslin
Дуже скоро вона була одягнена в коштовні шати з шовку і мусліну
and she was the most beautiful creature in the palace
І вона була найпрекраснішим створінням у палаці
but she appeared dumb, and could neither speak nor sing
Але вона здавалася німою і не могла ні говорити, ні співати

there were beautiful female slaves, dressed in silk and gold
Там були прекрасні рабині, одягнені в шовк і золото
they stepped forward and sang in front of the royal family
Вони вийшли вперед і заспівали перед королівською родиною

each slave could sing better than the next one
Кожен раб міг співати краще за іншого
and the prince clapped his hands and smiled at her
А принц заплескав у долоні і посміхнувся їй
This was a great sorrow to the little mermaid
Це було великим горем для русалоньки
she knew how much more sweetly she was able to sing
Вона знала, наскільки солодше вона вміє співати
"if only he knew I have given away my voice to be with him!"
"Якби він знав, що я віддав свій голос, щоб бути з ним!"

there was music being played by an orchestra
Звучала музика, яку грав оркестр
and the slaves performed some pretty, fairy-like dances
А раби виконували гарненькі, казкові танці
Then the little mermaid raised her lovely white arms
Тоді русалочка підняла свої прекрасні білі рученята
she stood on the tips of her toes like a ballerina
Вона стояла на кінчиках пальців, як балерина
and she glided over the floor like a bird over water
І вона ковзала по підлозі, як птах по воді
and she danced as no one yet had been able to dance
І вона танцювала так, як ніхто ще не вмів танцювати
At each moment her beauty was more revealed
З кожною миттю її краса все більше розкривалася
most appealing of all, to the heart, were her expressive eyes
Найпривабливішими для серця були її виразні очі
Everyone was enchanted by her, especially the prince
Всі були зачаровані нею, особливо принц

the prince called her his deaf little foundling
Принц назвав її своєю глухою маленькою підкидьком
and she happily continued to dance, to please the prince
І вона з радістю продовжувала танцювати, щоб догодити принцу
but we must remember the pain she endured for his pleasure
Але ми повинні пам'ятати про біль, який вона терпіла заради його задоволення
every step on the floor felt as if she trod on sharp knives
Кожен крок по підлозі відчувався, ніби вона наступала на гострі ножі

The prince said she should remain with him always
Принц сказав, що вона повинна завжди залишатися з ним
and she was given permission to sleep at his door
І їй дозволили спати біля його дверей
they brought a velvet cushion for her to lie on
Вони принесли оксамитову подушку, на якій вона могла лежати
and the prince had a page's dress made for her
І принц пошив для неї сукню пажа
this way she could accompany him on horseback
Таким чином вона могла супроводжувати його верхи на коні
They rode together through the sweet-scented woods
Вони їхали разом через запашний ліс
in the woods the green branches touched their shoulders
У лісі зелене гілля торкалося плечей

and the little birds sang among the fresh leaves
І пташки співали серед свіжого листя
She climbed with him to the tops of high mountains
Вона піднялася з ним на вершини високих гір
and although her tender feet bled, she only smiled
І хоча її ніжні ноги кровоточили, вона лише посміхалася
she followed him till the clouds were beneath them
Вона пішла за ним, поки хмари не опинилися під ними
like a flock of birds flying to distant lands
як зграя птахів, що відлітають у далекі краї

when all were asleep she sat on the broad marble steps
Коли всі спали, вона сиділа на широких мармурових сходах
it eased her burning feet to bathe them in the cold water
Вона полегшила палаючі ноги, щоб викупати їх у холодній воді
It was then that she thought of all those in the sea
Саме тоді вона подумала про всіх, хто був у морі
Once, during the night, her sisters came up, arm in arm
Одного разу, вночі, підійшли її сестри, взявшись за руки
they sang sorrowfully as they floated on the water
Вони сумно співали, пливучи по воді
She beckoned to them, and they recognized her
Вона поманила їх, і вони впізнали її
they told her how they had grieved their youngest sister
Вони розповіли їй, як сумували за наймолодшою сестрою

after that, they came to the same place every night
Після цього вони щовечора приходили в одне і те ж місце

Once she saw in the distance her old grandmother
Одного разу вона побачила вдалині свою стареньку бабусю

she had not been to the surface of the sea for many years
Вона багато років не виходила на поверхню моря

and the old Sea King, her father, with his crown on his head
і старий Морський Цар, її батько, з короною на голові

he too came to where she could see him
Він теж прийшов туди, де вона могла його побачити

They stretched out their hands towards her
Вони простягли до неї руки

but they did not venture as near the land as her sisters
Але вони не наважувалися так близько підійти до землі, як її сестри

As the days passed she loved the prince more dearly
Минали дні, вона все сильніше любила принца

and he loved her as one would love a little child
І він любив її, як маленьку дитину

The thought never came to him to make her his wife
Йому ніколи не спадало на думку зробити її своєю дружиною

but, unless he married her, her wish would never come true
Але, якщо він не одружиться з нею, її бажання ніколи не здійсниться

unless he married her she could not receive an

immortal soul
Якщо він не одружиться з нею, вона не зможе отримати безсмертну душу
and if he married another her dreams would shatter
І якби він одружився з іншою, її мрії розбилися б
on the morning after his marriage she would dissolve
Наступного ранку після його одруження вона розлучалася
and the little mermaid would become the foam of the sea
І русалочка стане морською піною

the prince took the little mermaid in his arms
Принц узяв русалоньку на руки
and he kissed her on her forehead
І він поцілував її в чоло
with her eyes she tried to ask him
Очима вона намагалася запитати його
"Do you not love me the most of them all?"
— Хіба ти не любиш мене найбільше з усіх?
"Yes, you are dear to me," said the prince
— Так, ти мені дорогий, — сказав принц
"because you have the best heart"
«Бо в тебе найкраще серце»
"and you are the most devoted to me"
«А ти мені найвідданіший»
"You are like a young maiden whom I once saw"
«Ти схожа на молоду дівчину, яку я колись бачив»
"but I shall never meet this young maiden again"
"Але я більше ніколи не зустріну цю молоду дівчину"
"I was in a ship that was wrecked"
«Я був на кораблі, який зазнав аварії»
"and the waves cast me ashore near a holy temple"

«І хвилі викинули мене на берег біля святого храму»
"at the temple several young maidens performed the service"
«У храмі кілька молодих дівчат звершили службу»
"The youngest maiden found me on the shore"
«Наймолодша дівчина знайшла мене на березі»
"and the youngest of the maidens saved my life"
«І наймолодша з дівчат врятувала мені життя»
"I saw her but twice," he explained
"Я бачив її, але двічі", - пояснив він
"and she is the only one in the world whom I could love"
"І вона єдина в світі, кого я міг любити"
"But you are like her," he reassured the little mermaid
— Але ж ти така, як вона, — заспокоїв він русалоньку
"and you have almost driven her image from my mind"
«І ви майже вигнали її образ з моєї свідомості»
"She belongs to the holy temple"
«Вона належить святому храму»
"good fortune has sent you instead of her to me"
«Удача послала до мене тебе замість неї»
"We will never part," he comforted the little mermaid
— Ми ніколи не розлучимося, — заспокоїв він русалоньку

but the little mermaid could not help but sigh
Але русалонька не могла не зітхнути
"he knows not that it was I who saved his life"
"Він не знає, що це я врятував йому життя"
"I carried him over the sea to where the temple stands"
"Я поніс його через море туди, де стоїть храм"
"I sat beneath the foam till the human came to help him"

«Я сидів під піною, поки людина не прийшла йому на допомогу»
"I saw the pretty maiden that he loves"
«Я побачив гарненьку дівчину, яку він любить»
"the pretty maiden that he loves more than me"
«Гарненька дівчина, яку він любить більше за мене»
The mermaid sighed deeply, but she could not weep
Русалка глибоко зітхнула, але заплакати не змогла
"He says the maiden belongs to the holy temple"
«Він каже, що дівчина належить до святого храму»
"therefore she will never return to the world"
«Тому вона ніколи не повернеться у світ»
"they will meet no more," the little mermaid hoped
— Вони більше не зустрінуться, — сподівалася Русалонька
"I am by his side and see him every day"
«Я поруч з ним і бачу його щодня»
"I will take care of him, and love him"
«Я буду піклуватися про нього і любити його»
"and I will give up my life for his sake"
«І я віддам своє життя за нього»

Very soon it was said that the prince was to marry
Дуже скоро було сказано, що принц має одружитися
there was the beautiful daughter of a neighbouring king
Жила-була прекрасна дочка сусіднього короля
it was said that she would be his wife
Казали, що вона буде його дружиною
for the occasion a fine ship was being fitted out
З цієї нагоди споряджався чудовий корабель
the prince said he intended only to visit the king
Принц сказав, що має намір відвідати лише короля

they thought he was only going so as to meet the princess
Вони думали, що він їде тільки для того, щоб зустрітися з принцесою
The little mermaid smiled and shook her head
Русалочка посміхнулася і похитала головою
She knew the prince's thoughts better than the others
Вона знала думки принца краще за інших

"**I must travel," he had said to her**
"Я мушу подорожувати", — сказав він їй
"**I must see this beautiful princess**"
«Я мушу побачити цю прекрасну принцесу»
"**My parents want me to go and see her**
"Мої батьки хочуть, щоб я поїхала до неї
"**but they will not oblige me to bring her home as my bride**"
"Але вони не зобов'язують мене приводити її додому як мою наречену"
"**you know that I cannot love her**"
«Ти знаєш, що я не можу її любити»
"**because she is not like the beautiful maiden in the temple**"
"Тому що вона не така, як прекрасна дівчина в храмі"
"**the beautiful maiden whom you resemble**"
«Прекрасна дівчина, на яку ти схожий»
"**If I were forced to choose a bride, I would choose you**"
«Якби мене змусили вибирати наречену, я б вибрав тебе»
"**my deaf foundling, with those expressive eyes**"
«Мій глухий підкидьок, з тими виразними очима»
Then he kissed her rosy mouth
Потім він поцілував її рум'яні уста

and he played with her long, waving hair
І він грався з її довгим хвилястим волоссям
and he laid his head on her heart
І він поклав свою голову на її серце
she dreamed of human happiness and an immortal soul
Вона мріяла про людське щастя і безсмертну душу

they stood on the deck of the noble ship
Вони стояли на палубі шляхетного корабля
"You are not afraid of the sea, are you?" he said
«Ти ж не боїшся моря?» — сказав він
the ship was to carry them to the neighbouring country
Корабель мав перевезти їх до сусідньої країни
Then he told her of storms and of calms
Потім він розповів їй про бурі та затишшя
he told her of strange fishes deep beneath the water
Він розповів їй про дивних риб глибоко під водою
and he told her of what the divers had seen there
І він розповів їй про те, що там бачили водолази
She smiled at his descriptions, slightly amused
Вона посміхнулася його описам, трохи потішилася
she knew better what wonders were at the bottom of the sea
Вона краще знала, які чудеса були на дні моря

the little mermaid sat on the deck at moonlight
Русалонька сиділа на палубі при місячному світлі
all on board were asleep, except the man at the helm
Усі, хто був на борту, спали, крім чоловіка за штурвалом
and she gazed down through the clear water
І вона дивилася вниз крізь прозору воду

She thought she could distinguish her father's castle
Вона думала, що зможе розрізнити замок свого батька
and in the castle she could see her aged grandmother
А в замку вона побачила свою стареньку бабусю
Then her sisters came out of the waves
І вийшли з хвиль її сестри
and they gazed at their sister mournfully
І вони скорботно дивилися на сестру
She beckoned to her sisters, and smiled
Вона поманила сестер і посміхнулася
she wanted to tell them how happy and well off she was
Вона хотіла сказати їм, яка вона щаслива і забезпечена
But the cabin boy approached and her sisters dived down
Але юнга наблизилася, і її сестри пірнули вниз
he thought what he saw was the foam of the sea
Він подумав, що те, що він побачив, було морською піною

The next morning the ship got into the harbour
Наступного ранку корабель увійшов у гавань
they had arrived in a beautiful coastal town
Вони прибули в прекрасне прибережне містечко
on their arrival they were greeted by church bells
Після прибуття їх зустріли церковні дзвони
and from the high towers sounded a flourish of trumpets
А з високих веж долинув розквіт сурм
soldiers lined the roads through which they passed
солдати вишикувалися вздовж доріг, якими вони

проходили
Soldiers, with flying colors and glittering bayonets
Солдати, з блиском і блискучими багнетами
Every day that they were there there was a festival
Кожного дня, коли вони там були, відбувався фестиваль
balls and entertainments were organised for the event
До заходу були організовані бали та розваги
But the princess had not yet made her appearance
Але принцеса ще не з'явилася
she had been brought up and educated in a religious house
Вона виховувалася і здобувала освіту в релігійному домі
she was learning every royal virtue of a princess
Вона вивчала всі королівські чесноти принцеси

At last, the princess made her royal appearance
Нарешті принцеса з'явилася по-королівськи
The little mermaid was anxious to see her
Русалочка дуже хотіла її побачити
she had to know whether she really was beautiful
Вона повинна була знати, чи справді вона красива
she was obliged to admit she really was beautiful
Вона була змушена визнати, що вона дійсно красива
she had never seen a more perfect vision of beauty
Вона ніколи не бачила більш досконалого бачення краси
Her skin was delicately fair
Її шкіра була делікатно світлою
and her laughing blue eyes shone with truth and purity
І її сміються блакитні очі сяяли правдою і чистотою

"It was you," said the prince
— Це був ти, — сказав принц
"you saved my life when I lay as if dead on the beach"
«Ти врятував мені життя, коли я лежав, як мертвий, на пляжі»
"and he held his blushing bride in his arms"
«І тримав на руках свою рум'яну наречену»

"Oh, I am too happy!" said he to the little mermaid
«О, я дуже щасливий!» — сказав він русалоньці
"my fondest hopes are now fulfilled"
«Тепер мої найзаповітніші надії справдилися»
"You will rejoice at my happiness"
«Ти будеш радіти моєму щастю»
"because your devotion to me is great and sincere"
«Тому що твоя відданість мені велика і щира»
The little mermaid kissed the prince's hand
Русалочка поцілувала руку принца
and she felt as if her heart were already broken
І їй здавалося, що її серце вже розбите
His wedding morning would bring death to her
Його весільний ранок принесе їй смерть
she knew she was to become the foam of the sea
Вона знала, що стане морською піною

the sound of the church bells rang through the town
Звук церковних дзвонів пролунав по всьому місту
the heralds rode through the town proclaiming the betrothal
Глашатаї їхали по місту, проголошуючи заручини
Perfumed oil was burned in silver lamps on every altar
Запашна олія горіла в срібних світильниках на кожному жертовнику

The priests waved the censers over the couple
Священики махали кадильницями над подружжям
and the bride and the bridegroom joined their hands
І з'єднали свої руки наречений і наречена
and they received the blessing of the bishop
І вони отримали благословення єпископа
The little mermaid was dressed in silk and gold
Русалочка була одягнена в шовк і золото
she held up the bride's dress, in great pain
Вона підняла сукню нареченої, відчуваючи сильний біль
but her ears heard nothing of the festive music
Але її вуха нічого не чули від святкової музики
and her eyes saw not the holy ceremony
І очі її не бачили святого обряду
She thought of the night of death coming to her
Вона думала про ніч смерті, яка прийшла до неї
and she mourned for all she had lost in the world
І вона оплакувала все, що втратила на світі

that evening the bride and bridegroom boarded the ship
Того вечора наречений і наречена сіли на корабель
the ship's cannons were roaring to celebrate the event
Корабельні гармати гуркотіли, щоб відсвяткувати цю подію
and all the flags of the kingdom were waving
І майоріли всі прапори царства
in the centre of the ship a tent had been erected
У центрі корабля було встановлено намет
in the tent were the sleeping couches for the newlyweds
У наметі стояли спальні дивани для молодят

the winds were favourable for navigating the calm sea
Вітри були сприятливі для плавання по спокійному морю
and the ship glided as smoothly as the birds of the sky
І корабель ковзав так само плавно, як небесні птахи

When it grew dark, a number of colored lamps were lighted
Коли стемніло, запалили кілька кольорових ламп
the sailors and royal family danced merrily on the deck
Моряки та королівська сім'я весело танцювали на палубі
The little mermaid could not help thinking of her birthday
Русалочка не могла не думати про свій день народження
the day that she rose out of the sea for the first time
День, коли вона вперше піднялася з моря
similar joyful festivities were celebrated on that day
Подібні радісні гуляння відзначалися і в цей день
she thought about the wonder and hope she felt that day
Вона думала про подив і надію, які відчула того дня
with those pleasant memories, she too joined in the dance
З цими приємними спогадами вона теж приєдналася до танцю
on her paining feet, she poised herself in the air
На своїх хворих ногах вона піднялася в повітря
the way a swallow poises itself when in pursued of prey
Те, як ластівка врівноважується, коли її переслідують здобич

the sailors and the servants cheered her wonderingly
Матроси і слуги здивовано підбадьорювали її
She had never danced so gracefully before
Вона ще ніколи не танцювала так граціозно
Her tender feet felt as if cut with sharp knives
Її ніжні ноги були наче порізані гострими ножами
but she cared little for the pain of her feet
Але її мало хвилював біль у ногах
there was a much sharper pain piercing her heart
Набагато гостріший біль пронизав її серце

She knew this was the last evening she would ever see him
Вона знала, що це останній вечір, коли вона його побачить
the prince for whom she had forsaken her kindred and home
Принц, заради якого вона покинула рід і дім
She had given up her beautiful voice for him
Вона відмовилася від свого прекрасного голосу заради нього
and every day she had suffered unheard-of pain for him
І щодня вона терпіла нечуваний біль за нього
she suffered all this, while he knew nothing of her pain
Вона терпіла все це, а він нічого не знав про її біль
it was the last evening she would breath the same air as him
Це був останній вечір, коли вона дихала тим самим повітрям, що й він
it was the last evening she would gaze on the same starry sky

Це був останній вечір, коли вона дивилася на те саме зоряне небо
it was the last evening she would gaze into the deep sea
Це був останній вечір, коли вона дивилася в морську безодню
it was the last evening she would gaze into the eternal night
Це був останній вечір, коли вона вдивлялася у вічну ніч
an eternal night without thoughts or dreams awaited her
На неї чекала вічна ніч без думок і мрій
She was born without a soul, and now she could never win one
Вона народилася без душі, і тепер ніколи не змогла її завоювати

All was joy and gaiety on the ship until long after midnight
На кораблі панувала радість і веселощі аж до півночі
She smiled and danced with the others on the royal ship
Вона посміхалася і танцювала з іншими на королівському кораблі
but she danced while the thought of death was in her heart
Але вона танцювала, поки думка про смерть була в її серці
she had to watch the prince dance with the princess
Їй довелося дивитися, як принц танцює з принцесою
she had to watch when the prince kissed his beautiful bride

Вона повинна була дивитися, як принц цілує свою прекрасну наречену
she had to watch her play with the prince's raven hair
Їй доводилося дивитися, як вона грається з воронячим волоссям принца
and she had to watch them enter the tent, arm in arm
І їй доводилося дивитися, як вони, взявшись за руки, входять до намету

after they had gone all became still on board the ship
Після того, як вони пішли, всі завмерли на борту корабля
only the pilot, who stood at the helm, was still awake
Тільки пілот, який стояв за штурвалом, ще не спав
The little mermaid leaned on the edge of the vessel
Русалочка сперлася на край посудини
she looked towards the east for the first blush of morning
Вона подивилася на схід, щоб побачити перший ранковий рум'янець
the first ray of the dawn, which was to be her death
Перший промінь світанку, який мав стати її смертю
from far away she saw her sisters rising out of the sea
Здалеку вона побачила своїх сестер, що піднімалися з моря
They were as pale with fear as she was
Вони були такі ж бліді від страху, як і вона
but their beautiful hair no longer waved in the wind
Але їх прекрасне волосся вже не майоріло на вітрі
"We have given our hair to the witch," said they
— Ми віддали своє волосся відьмі, — сказали вони
"so that you do not have to die tonight"
«Щоб тобі не довелося вмирати сьогодні вночі»

"for our hair we have obtained this knife"
«Для нашого волосся ми отримали цей ніж»
"Before the sun rises you must use this knife"
«Перед сходом сонця треба скористатися цим ножем»
"you must plunge the knife into the heart of the prince"
«Ти мусиш встромити ніж у серце принца»
"the warm blood of the prince must fall upon your feet"
«Тепла кров князя повинна впасти вам на ноги»
"and then your feet will grow together again"
«І тоді ваші ноги знову зростуться»
"where you have legs you will have a fish's tail again"
«Де ноги, там знову буде риб'ячий хвіст»
"and where you were human you will once more be a mermaid"
«А там, де ти була людиною, ти знову будеш русалкою»
"then you can return to live with us, under the sea"
«Тоді ти зможеш повернутися жити до нас, під море»
"and you will be given your three hundred years of a mermaid"
«І тобі дадуть триста років русалки»
"and only then will you be changed into the salty sea foam"
«І тільки тоді ти перетворишся на солону морську піну»
"Haste, then; either he or you must die before sunrise"
— Тоді поспішайте; Або він, або ти мусиш померти до сходу сонця»
"our old grandmother mourns for you day and night"

«Наша старенька бабуся тужить за тобою вдень і вночі»
"her white hair is falling out"
«У неї сиве волосся випадає»
"just as our hair fell under the witch's scissors"
«Так само, як наше волосся впало під ножиці відьми»
"Kill the prince, and come back," they begged her
«Убий принца і повернися», — благали її
"Do you not see the first red streaks in the sky?"
— Хіба ти не бачиш перших червоних смуг на небі?
"In a few minutes the sun will rise, and you will die"
«За кілька хвилин зійде сонце, і ти помреш»
having done their best, her sisters sighed deeply
Зробивши все, що могли, сестри глибоко зітхнули
mournfully her sisters sank back beneath the waves
Скорботно її сестри знову потонули під хвилями
and the little mermaid was left with the knife in her hands
А русалонька залишилася з ножем у руках

she drew back the crimson curtain of the tent
Вона відсунула багряну завісу намету
and in the tent she saw the beautiful bride
І в наметі вона побачила прекрасну наречену
her face was resting on the prince's breast
Її обличчя лежало на грудях принца
and then the little mermaid looked at the sky
І тоді русалочка подивилася на небо
on the horizon the rosy dawn grew brighter and brighter
На обрії рожевий світанок ставав все яскравішим і яскравішим
She glanced at the sharp knife in her hands

Вона глянула на гострий ніж у руках
and again she fixed her eyes on the prince
І знов не зводила очей з князя
She bent down and kissed his noble brow
Вона нахилилася і поцілувала його благородне чоло
he whispered the name of his bride in his dreams
Він шепотів уві сні ім'я своєї нареченої
he was dreaming of the princess he had married
Він мріяв про принцесу, з якою одружився
the knife trembled in the hand of the little mermaid
Ніж затремтів у руці русалоньки
but she flung the knife far into the waves
Але вона кинула ножа далеко в хвилі

where the knife fell the water turned red
Там, де впав ніж, вода стала червоною
the drops that spurted up looked like blood
Краплі, що бризкали вгору, були схожі на кров
She cast one last look upon the prince she loved
Вона кинула останній погляд на принца, якого любила
the sun pierced the sky with its golden arrows
Сонце пронизало небо своїми золотими стрілами
and she threw herself from the ship into the sea
І вона кинулася з корабля в море
the little mermaid felt her body dissolving into foam
Русалонька відчула, як її тіло розчиняється в піні
and all that rose to the surface were bubbles of air
І все, що піднімалося на поверхню, були бульбашками повітря
the sun's warm rays fell upon the cold foam
Теплі сонячні промені падали на холодну піну
but she did not feel as if she were dying

Але вона не відчувала, що вмирає
in a strange way she felt the warmth of the bright sun
Якимось дивним чином вона відчула тепло яскравого сонця
she saw hundreds of beautiful transparent creatures
Вона побачила сотні прекрасних прозорих створінь
the creatures were floating all around her
Істоти плавали навколо неї
through them she could see the white sails of the ships
Крізь них вона бачила білі вітрила кораблів
and through them she saw the red clouds in the sky
І крізь них вона побачила червоні хмари на небі
Their speech was melodious and childlike
Їхня мова була мелодійною і дитячою
but it could not be heard by mortal ears
Але його не могли почути смертні вуха
nor could their bodies be seen by mortal eyes
І їхні тіла не могли побачити смертні очі
The little mermaid perceived that she was like them
Русалочка зрозуміла, що вона схожа на них
and she felt that she was rising higher and higher
І вона відчувала, що піднімається все вище і вище
"Where am I?" asked she, and her voice sounded ethereal
«Де я?» — запитала вона, і голос її звучав неземно
there is no earthly music that could imitate her
Немає такої земної музики, яка могла б наслідувати її
"Among the daughters of the air," answered one of them
— Серед дочок повітряних, — відповіла одна з них
"A mermaid has not an immortal soul"
«Русалка не має безсмертної душі»

"nor can mermaids obtain immortal souls"
«І русалки не можуть отримати безсмертних душ»
"unless she wins the love of a human being"
«Якщо вона не завоює любов людини»
"on the will of another hangs her eternal destiny"
«На чужій волі висить її вічна доля»
"like you, we do not have immortal souls either"
«Як і ви, у нас теж немає безсмертних душ»
"but we can obtain an immortal soul by our deeds"
«Але ми можемо здобути безсмертну душу своїми вчинками»
"We fly to warm countries and cool the sultry air"
«Ми літаємо в теплі країни і охолоджуємо спекотне повітря»
"the heat that destroys mankind with pestilence"
«Спека, що пошестю нищить людство»
"We carry the perfume of the flowers"
«Ми несемо пахощі квітів»
"and we spread health and restoration"
«І ми поширюємо здоров'я та відновлення»

"for three hundred years we travel the world like this"
«Триста років ми так мандруємо світом»
"in that time we strive to do all the good in our power"
«У цей час ми намагаємося зробити все добро, що в наших силах»
"when we succeed we receive an immortal soul"
«Коли ми досягаємо успіху, ми отримуємо безсмертну душу»
"and then we too take part in the happiness of mankind"
«І тоді ми теж беремо участь у щасті людства»
"You, poor little mermaid, have done your best"

«Ти, бідна русалонька, зробила все, що могла»
"you have tried with your whole heart to do as we are doing"
«Ви всім серцем намагалися робити так, як робимо ми»
"You have suffered and endured an enormous pain"
«Ти вистраждав і витерпів величезний біль»
"by your good deeds you raised yourself to the spirit world"
«Своїми добрими справами ви піднялися до духовного світу»
"and now you will live alongside us for three hundred years"
«І тепер ти будеш жити поруч з нами триста років»
"by striving like us, you may obtain an immortal soul"
«Докладаючи таких зусиль, як ми, ви можете здобути безсмертну душу»
The little mermaid lifted her glorified eyes toward the sun
Русалочка підвела свої прославлені очі до сонця
for the first time, she felt her eyes filling with tears
Вперше вона відчула, як її очі наповнилися сльозами

On the ship she had left there was life and noise
На кораблі, який вона покинула, було життя і шум
she saw the prince and his beautiful bride searched for her
Вона побачила, як принц і його прекрасна наречена шукали її
Sorrowfully, they gazed at the pearly foam
Вони з сумом дивилися на перламутрову піну
it was as if they knew she had thrown herself into the waves

Вони наче знали, що вона кинулася у хвилі
Unseen, she kissed the forehead of the bride
Невидима, вона поцілувала наречену в чоло
and then she rose with the other children of the air
І тоді вона піднялася разом з іншими дітьми повітря
together they went to a rosy cloud that floated above
Разом вони пішли до рум'яної хмари, що пливла вгорі

"After three hundred years," one of them started explaining
— Через триста років, — почав пояснювати один із них
"then we shall float into the kingdom of heaven," said she
— Тоді ми попливемо в Царство Небесне, — сказала вона
"And we may even get there sooner," whispered a companion
— А може, й раніше, — прошепотів товариш
"Unseen we can enter the houses where there are children"
«Невидимі ми можемо зайти в будинки, де є діти»
"in some of the houses we find good children"
«У деяких будинках ми знаходимо хороших дітей»
"these children are the joy of their parents"
«Ці діти – радість своїх батьків»
"and these children deserve the love of their parents"
«І ці діти заслуговують на любов батьків»
"such children shorten the time of our probation"
«Такі діти скорочують час нашого випробувального терміну»
"The child does not know when we fly through the

room"
«Дитина не знає, коли ми літаємо по кімнаті»
"and they don't know that we smile with joy at their good conduct"
«І вони не знають, що ми радісно посміхаємося їхній добрій поведінці»
"because then our judgement comes one day sooner"
«Тому що тоді наш суд прийде на день раніше»
"But we see naughty and wicked children too"
«Але ми бачимо і неслухняних і злих дітей»
"when we see such children we shed tears of sorrow"
«Коли ми бачимо таких дітей, то проливаємо сльози смутку»
"and for every tear we shed a day is added to our time"
«І кожна сльоза, яку ми проливаємо за день, додається до нашого часу»

The End
Кінець

www.tranzlaty.com

www.ingramcontent.com/pod-product-compliance
Lightning Source LLC
Chambersburg PA
CBHW011953090526
44591CB00020B/2750